Marginales

Nuevos textos sagrados

Colección dirigida por
Antoni Marí

José Emilio Pacheco

IRÁS Y NO VOLVERÁS

[POEMAS 1969-1972]

TUSQUETS
EDITORES

Diseño de la colección: Guillemont-Navares
Ilustración de portada: © Alicia Sandoval
Fotografía del autor: © Rogelio Cuéllar Ramírez
Colección: Marginales
Serie: Nuevos textos sagrados

Bajo el sello editorial TUSQUETS M.R.
Avenida Presidente Masarik núm. 111,
Piso 2, Polanco V Sección, Miguel Hidalgo
C.P. 11560, Ciudad de México
www.planetadelibros.com.mx

Primera edición en formato epub: agosto de 2024
ISBN: 978-607-39-1531-1

Primera edición impresa en México: agosto de 2024
ISBN: 978-607-39-1523-6

Impreso en los talleres de Impregráfica Digital, S.A. de C.V.
Av. Coyoacán 100-D, Valle Norte, Benito Juárez
Ciudad De Mexico, C.P. 03103
Impreso en México -*Printed in Mexico*

A la memoria de José Carlos Becerra,
esta conversación que no tendremos nunca

Corre el tiempo, vuela y va
ligero y no volverá.

Don Quijote II, XVIII

La città esiste e ha un semplice segreto:
conosce solo partenze e non ritorni.

ITALO CALVINO, *Le città invisibili*

I

FALSOS TESTIMONIOS

Ni el agua que transcurre torna a su manantial
Ni la flor desprendida de su tallo
Vuelve jamás al árbol que la dejó caer.

Li Po, traducido por Marcela de Juan

IDILIO

Con aire de fatiga entraba el mar
en el desfiladero.
                                        El viento helado
dispersaba la nieve de la montaña.
Y tú
parecías un poco de primavera,
                                                                anticipo
de la vida yacente bajo los hielos,
calor
        para la tierra muerta,
cauterio
de su corteza ensangrentada.

Me enseñaste los nombres de las aves,
la edad
            de los pinos inconsolables,
la hora
            en que suben y bajan las mareas.
En la diafanidad de la mañana
se borraban las penas
                                                del extranjero,
el rumor
              de guerras y desastres.

El mundo
volvía a ser un jardín
(lo repoblaban
los primeros fantasmas),
una página en blanco,
una vasija
en donde sólo cupo aquel instante.

El mar latía. En tus ojos
se anulaban los siglos,
la miseria
que llamamos historia,
el horror
agazapado siempre en el futuro.
Y el viento
era otra vez la libertad
(en vano
intentamos anclarla en las banderas).

Como un tañido funerario entró
hasta el bosque un olor de muerte.
Las aguas
se mancharon de lodo y de veneno.
Los guardias
brotaron como surgen las tinieblas.
En nuestra incauta dicha merodeábamos
una fábrica atroz en que elaboran
defoliador y gas paralizante.

«*THE DREAM IS OVER*»

1

—Ya no hay plantas ni peces en el Erie.
Ya está muerto,
como el lago de México.
(Todo ante mí se vuelve alegoría.)

Y aquel momento se hunde para siempre
en las aguas ya turbias de irrealidad.
No había nadie
sino tú y yo en el mundo esa noche de agosto.
No ignorábamos
que jamás volverá.
Nunca en el tiempo se dará otra noche
en que arda la vida en esa orilla
del más bien muerto de los mares muertos.

2

El tiempo entero es muda mutación. Celebremos
el peso de los años.
El que fui en otro mundo
repite sus palabras ante un teatro sin nadie.
Ya no hay nada capaz de alimentarte, poesía.
Muérete de ti misma
o por favor ya cállate.

3

Actos contramemoria. Protestemos
por su fijeza inútil,
la manipulación, las distorsiones,
el falso testimonio.
Aciago don, pecado original,
la memoria que miente siempre.

Contra el recuerdo no hay liberación.
Se borra en parte
y es archivado junto a sus iguales.
Cuando menos se piensa ya está fuera
con ganas de morder.
Ha echado espinas
y encaja los colmillos insaciables
del nunca más.

4

Música
y de repente es la misma canción,
la que sonaba en tardes como aquéllas.
¿Han vuelto o todo es diferente?
La zarza de los días se enreda en la violencia.
El desierto sangra.
Tablas y leyes de conducta.
Multitudes
que dan vueltas y vueltas
al templo de la guerra.
La incertidumbre es todo lo que tengo.
Hoy recomienza
la pesadilla de la historia.

1. *El estrecho de Georgia*

El bosque frente al mar.
Arriba un águila
en la punta del pino.
Era el crepúsculo.
Se ahogaba el sol
en la isla de Vancouver.

Acaso fue al Aztlán de los aztecas.
De allí partieron siete tribus
y una
fundó tras muchos siglos Tenochtitlan.

De Aztlán sólo quedaron ciertos nombres
sembrados en la arena como piedras.

El águila fue hallada en la maleza,
no heráldica
ni ardiente en el crepúsculo.
En descomposición.
Se alimentó de peces
que envenenaron pesticidas, basura,
desechos industriales.

Sobre Vancouver ya no vuelan águilas.
Hoy la gente ve monstruos en la playa.

Los aztecas creyeron que el dios sol
noche a noche moría en forma de águila.
Viajaba por la tierra de los muertos
para reaparecer al día siguiente
como jaguar a la mitad del cielo.

Los indios de Vancouver habitan
en The Musqueam Reserve
donde el Fraser entrega el agua dulce
de la montaña al mar que abre las alas.

El estrecho de Georgia une y separa
de tierra firme a Aztlán,
el paraíso azteca ya tan muerto
como su capital:
la ciudad del ombligo de la luna.

En The Musqueam Reserve
hay tres campos de golf.
Los antiguos señores de la tierra
cargan los instrumentos deportivos
de los monstruos marinos.

El águila desciende
y el jaguar
no ha bebido la sangre de la noche.

2. *«Song of Songs»*

Y cuando han terminado de amarse
él encuentra,
en *el hotel barato de una noche,*
la Biblia.
Busca algunos versículos, recuerda
el sonido que tienen en su idioma:
Emptiness, emptiness, says the Speaker.
Emptiness, emptiness, all is empty…
Charm is a delusion and beauty fleeting…
Why should the sufferer be born to see the light?
Why is life given to men who find it so bitter?…
For we ourselves are of yesterday and are transient;
our days on earth are a shadow…

Y sin embargo, en este mundo de ceniza y de llanto,
Let us praise your love more than wine
and your caresses more than any song.

3. *Adiós, Canadá*

El olor de madera mojada,
la playa gris y los troncos,
la arena que en el volcán ha sido llama y catástrofe,
el sol de nieve, la montaña de musgo,
islas y su alarmada población de gaviotas,
el peso de la nieve que hace visible la caída del tiempo,
un jardín de cristal bajo las luces
de la lluvia nocturna,
serán acaso en la memoria tu olvido:
un arcón de postales marchitas
y mapas que se rompen de viejos.
Pero tu nombre tendrá el rostro o la sombra
de la muchacha a la que dije adiós para siempre.

Odian a César y al poder romano.
Se privan de comer la última uvita
pensando en los esclavos que revientan
en las minas de sal o en las galeras.

Hablan de las crueldades del ejército
en Iliria y las Galias.
Atragantados
de jabalí, perdices y terneras
dan un sorbo
de vino siciliano
para empinar los labios pronunciando
las más bellas palabras:
la uuumaaaniiidaad, el ooombreee, todas ésas
—tan rotundas, tan grandes, tan sonoras—
que apagan la humildad de otras más breves
—como, digamos por ejemplo, *gente.*

Termina la función. Entran los siervos
a llevarse los restos del convite.
Entonces los patricios se arrebujan
en sus mantos de Chipre.
Con el fuego del goce en sus ojillos,
como un gladiador que hunde el tridente,
enumeran felices los abortos
de Clodia la toscana,
la impotencia de Livio, los avances
del cáncer en Vitelio.
Afirman que es cornudo el viejo Claudio
y sentencian a Flavio por corriente,
un esclavo liberto, un arribista.

Luego al salir despiertan a patadas
al cochero insolado
y marchan con fervor al Palatino
a ofrecer mansamente el triste culo
al magnánimo César.

JOSÉ LUIS CUEVAS HACE UN AUTORRETRATO

Aquí me miro ajeno, me desdoblo
para mirarme como observo al otro.
Y veo con otros ojos la mirada
que se traduce en líneas y en espacios.

Mi desolado tema es ver qué hace la vida
con la materia humana. Cómo el tiempo,
que es invisible, va encarnando espeso;
cómo escribe su historia inapelable
en su página blanca: nuestra cara;
cómo toma
la forma de la vida que lo contiene,
y su caligrafía son mis rasgos.

Si mi cara es ajena ¿son los otros
mi verdadero rostro?
Los ojos de mi trazo son los ojos
¿de quién?: ¿Mi semejante o mi enemigo?

Me miro, me dibujo, me convierto
en teatro de un combate interminable.
Con mis manos me pinta la pintura.
Yo soy la humanidad y por mí pasa
toda su historia ciega y me contempla.

Describir su pasaje no es tan sólo
detener el momento sin retorno.
Pues cuando avanzo hacia el pasado vuelvo
de un porvenir sin rostro que hoy asume
el fluir de los rasgos de mi cara.

FRAY ANTONIO DE GUEVARA REFLEXIONA MIENTRAS ESPERA A CARLOS V*

Para quien busca la serenidad
y ve a todos los hombres como iguales
malos tiempos son éstos,
mal lugar es la corte.

Vamos de guerra en guerra. Todo el oro
de Indias se consume en hacer daño.
La espada
incendia el Nuevo Mundo.
La cruz
sólo es pretexto para la codicia.
La fe
un torpe ardid para sembrar la infamia.

---

* Fray Antonio de Guevara (1480-1545), el autor de *Menosprecio de corte y alabanza de aldea*, fue secretario del emperador Carlos V. En *Relox de Príncipes o Libro áureo del emperador Marco Aurelio*, Guevara intercaló una narración, «El villano del Danubio», en que impugna la conquista, «la codicia de tomar bienes ajenos y la soberbia de mandar en tierras extrañas» y «la tiranía del que tiene mucho sobre el que tiene poco».

Europa entera
tiembla ante nuestro rey.
Yo mismo tiemblo
aunque sé que es tan sólo un hombre más;
pero ha nacido en un palacio real
como pudo nacer en una choza
de la Temistitán, ciudad arrasada
para que sobre sus ruinas brille el sol
del Habsburgo insaciable.

En su embriaguez de adulación no piensa
que su triunfo derrota a los imperios
y ningún reino alcanzará la dicha
con base en la miseria de otros pueblos.

Tras esta gloria bullen los gusanos.
Todo es lucro y maldad.
Pero no tengo
fuerza o poder para cambiar el mundo.

Escribo alegorías engañosas
contra la cruel conquista.
Muerdo ingrato
la mano poderosa que me alimenta.
Tiemblo a veces
de pensar en el potro y en la hoguera.

No, no nací con vocación de héroe.
No ambiciono
sino la paz de todos (que es la mía),
sino la libertad que me haga libre
cuando no quede un solo esclavo.

No esta corte,
no este imperio de sangre y fuego,
no este rumor de usura y soldadesca.

FISIOLOGÍA DE LA BABOSA

La babosa,
animal sutil,
se recrea
en jardines impávidos.
Tiene humedad de musgo,
acuosidad
de vida a medio hacerse.
Es apenas
un frágil
caracol en proyecto,
como anuncio
de algo que aún no existe.

En su moroso edén de baba
proclama
que andar por este mundo
significa
ir dejando
pedazos de uno mismo
en el viaje.

La babosa se gasta dando vueltas
a su espiral.
Lleva a cuestas
su paranoia,
aplastante
condición de su ser.

Nadie quiere a esta *plaga insulsa*
que a ras de tierra o en paredes
lamenta
          una vida que no pidió.

Pobrecita,
            es tan supersticiosa:
teme
      (justificadamente)
que alguien
              venga y le eche la sal.

II

SEÑALES DE VIDA

La vida no se puede discutir.
Es difícil y absurdo defenderla.

TAO CH'IEN

VERACRUZ

Desde su orilla me está mirando el mar.
Cuentas claras
rinden las olas que al nacer agonizan.

Y el sol vive de ahogarse en su violencia.

MAREA BAJA

Como los peces muertos que la marea abandona,
el reflujo de la memoria saca a la podredumbre
lugares, rostros, fechas, voces, aromas.
Su resplandor se vuelve opacidad. El pasado
es un acuario, una prisión de fantasmas.

DE NUEVO

Mansa presencia de la muerte, el oleaje
que se pone a tus pies.
Allí los hombres
arrastran por la arena redes de asfixia.

Todo en el mar es muerte. Sólo vive
esta gaviota inevitable, la misma
que vio el naufragio del prudente Odiseo.

TACUBAYA, 1949

Allá en el fondo de la vieja infancia
eran los árboles, el simulacro de río,
la casa tras la huerta, el sol de viento,
los años calcinados.
                                        Un desierto
que hoy se sigue llamando Tacubaya.

Nada quedó.
También en la memoria
las ruinas dejan sitio a nuevas ruinas.

Mundo sin sol
lavado por la lluvia.

La luz recobra el aire.
Es transparencia.

Un minuto se enciende
—y cae la noche.

SIEMPRE HERÁCLITO

El viento pasa y al pasar se desdice.
Se lleva el tiempo y desdibuja el mundo.
Somos la piedra a la mitad del torrente:
siempre igual y distinta a cada segundo,
pulida por las incesantes aguas del cambio.

NIAGARA FALLS

Para matar las horas
déjalas que se embistan y se aneguen
y luego se despeñen y destrocen.

El agua siente el paso de las horas.
La hora siente el peso de las aguas.

Y de su muerte nacen otras olas,
veloz marea del tiempo, catarata.

URBANA, ILLINOIS

El muñeco de nieve en el jardín se deshace
cuando la tierra emerge del invierno.
En un jardín más vasto somos todos
figuras contrahechas esperando
nuestra disolución.

STANLEY PARK, VANCOUVER

Por aquellos senderos caminamos.
Los árboles
se alzan allí desde hace miles de años.
Monumentos
que el tiempo erige a una eternidad vulnerable.
Nosotros
no volveremos nunca a contemplarlos.

CONTRAELEGÍA

Mi único tema es lo que ya no está.
Sólo parezco hablar de lo perdido.
Mi punzante estribillo es *nunca más.*
Y sin embargo amo este cambio perpetuo,
este variar segundo tras segundo,
porque sin él lo que llamamos vida
sería de piedra.

A LA QUE MURIÓ EN EL MAR

El tiempo que destruye todas las cosas
ya nada puede contra su hermosura.
Ya tiene para siempre veintidós años.
Ya se ha vuelto corales, musgo marino.
Ya es ola que ilumina la tierra entera.

CONTRA LA KODAK

Cosa terrible es la fotografía.
Pensar que en estos objetos cuadrangulares
yace un instante de 1959.
Rostros que ya no son,
aire que ya no existe.
Porque el tiempo se venga
de quienes rompen el orden natural deteniéndolo,
las fotos se resquebrajan, amarillean.
No son la música del pasado:
son el estruendo
de las ruinas internas que se desploman.
No son el verso sino el crujido
de nuestra irremediable cacofonía.

PARQUE ESPAÑA

El surtidor se vuelve una columna del aire
pero la tierra llama, y el agua
vuelve a su semejanza.
Otro poco
de la fuente alza el vuelo.
Babel erguida en su imposible cohesión,
de nuevo torre
que *a su gran pesadumbre se rinde.*

III

REVÉS DE ALMANAQUE

La espada con la hoja más fina
No puede cortar el agua del río en dos
Para que deje de correr.

Li Po

TARDE OTOÑAL EN UNA VIEJA CASA DE CAMPO

Alguien tose en el cuarto contiguo.
Un llanto quedo.
Luego pasos inquietos,
conversaciones en voz baja.

En silencio me acerco, abro la puerta.
Como temí, como sabía, no hay nadie.

¿Qué habrán pensado al oírme cerca?
¿Me tendrán miedo los fantasmas?

NUEVO MITO DE SÍSIFO

Respira hondo… Ya…
Bueno, ahora empuja
—como hombre, con fibra, sin desmayo—
tu granito de arena.

Y cuando al fin te encuentres en la cima
y lo veas que rueda cuestabajo,
dedícate a buscarlo una y mil veces
en la pluralidad de este desierto.

PROMETEO

> Sólo nos es dada la esperanza por
> aquellos que no tienen esperanza.
>
> WALTER BENJAMIN

—No lo olvides jamás: hay otros temas.
¿Por qué obstinarse
en la fugacidad y el sufrimiento?
—me dijo Prometeo. Sus cadenas
resonaron de nuevo cuando el buitre
reanudó su tarea entrañable.

RUINAS DEL TEMPLO MAYOR

Aquí cayeron los antepasados.
Pueblos hábiles para la guerra, temerosos
de sus hoscas deidades.
Con manos delicadas para tallar la piedra,
entretejer las plumas,
abrir el pecho del cautivo
—y con lágrimas
para llorar después la servidumbre.

PRIMERA COMUNIÓN

La Eucaristía dejó su aguijoncito
bastante inmune a los racionalismos.
¿Habrá muerto mi alma en sus infiernos?
O a lo mejor, de pronto, cuando muera,
saldrá volando de entre mi carroña
como una palomita.

Cuando de vuelta de la peregrinación
los aviones se caen, chocan los trenes,
se incendian autobuses, mueren los fieles,
los santos se defienden argumentando
que van al cielo
justamente por ser insobornables.

UN PAVO REAL VISTO POR MONTES DE OCA

En el vago jardín rubendariano
el soberbio despliega sus vitrales
y en la fuente de musgo lanza un grito
de pavor porque el agua no refleja
su pavoirrealidad.

BÚHO

El ojo inmóvil,
pez de tierra firme,
encendido de noche en su fijeza.
Las garras que se adentran en la carne,
el pico curvo para el desgarramiento…
¿De cuál sabiduría puede ser símbolo
sino de la rapiña, el crimen, el desprecio:
todo lo que ha hecho tu venerada gloria,
Occidente?

SAPO

Es por naturaleza el indeseable.
Como persiste en el error
de su viscosidad palpitante
queremos aplastarlo.

Trágico impulso humano: destruir
lo mismo al semejante que al distinto.

El sapo,
hermoso a su manera,
lo ve todo
con la serenidad
de quien se sabe destinado al martirio.

ELEFANTES MARINOS*

Miden generalmente cinco metros de largo.
Tienen los ojos grandes y brillantes,
dulces como los ojos de un animal nocturno.
Forman manadas, viven
en cavernas marinas.
Aparecen inmóviles:
grandes rocas negruzcas,
amarillentos, sucios, pesadamente informes.
Pertenecen al orden
de los pinnípedos,
familia de los fócidos.
Nombre científico:
Mirounga angustirostris.

---

* *Found poem* recortado de *Fauna mexicana*, por Juan B. Salazar, *Contemporáneos*, 1929.

PEZ

Para la red, para el arpón naciste.
Para anzuelos, asfixias y sartenes.
Inficionamos por usura tu mar.
Ahora te haces justicia envenenándonos.

ANTIPOSTAL DE RÍO DE JANEIRO

Las polillas atentan contra la propiedad.
Son enemigas de lo establecido.
Son planetas errantes en redor
de un sol hipnótico de incandescencias mortales.

Las polillas más grandes que he visto nunca
morían de calor en el Corcovado,
mirándome con inmensos ojos dolientes.

No fue para ellas la hermosura de Río
sino el hambre, el horror y la tortura.

Tan sólo ven la piedra calcinante
—y este mundo que acaba.

LAS MANOS

Viéndolo bien, son monstruosas las manos
y su extraño pulgar (rencoroso
servidor de los otros cuatro).
Pobre bufón que ignora su pasado:
gracias a él, o por culpa suya,
hemos hecho la historia.

SÉPTIMO SELLO

Y poco a poco fuimos devorando la tierra.
Emponzoñada ya hasta su raíz,
no queda un árbol
ni un vestigio de río.
El aire entero es podredumbre,
los campos son océanos de basura.
Soy el último humano.
Sobreviví a la ruina de mi especie.
Puedo reinar sobre este mundo,
pero de qué me sirve.

TODO TIENE SU PRECIO

I have been a stranger in a strange land.
Exodus II, 22

Al terminar la represión puritana,
el culto del trabajo, la conciencia
del deber bien cumplido,
tienes visita cada noche en tu cuarto,
la píldora se vende sin problemas,
se puede fornicar en todas partes.
Y no funciona la calefacción,
la burocracia se ha enredado en sí misma,
no hay quien arregle lo que está descompuesto,
las cartas tardan no sé cuántos meses.

INTERCAMBIO CULTURAL

Miss Cynthia Paterson, de Iowa City,
vino a aprender la lengua de Cervantes.
La encontró poderosamente corrupta.
Fue lo de menos.
Regresó satisfecha a su país.
Comprobó en carne propia hasta qué punto
enriquece el espíritu
todo conocimiento de otras lenguas.

PARA QUIEN VIVE ENTRE MURALLAS Y GUARDIAS

De noche los ratones poseen
tus orgullosas propiedades.
Los mosquitos lancean el cuerpo que amas.
Las cucarachas burlan tus medidas higiénicas.
Malos sueños afrentan tu respetabilidad.
Bajan los gatos a orinar tu soberbia.

LOS HEREDEROS

Mira a los pobres de este mundo. Admira
su infinita paciencia.
Con qué maestría han rodeado todo.
Con cuánta fuerza miden el despojo.
Con qué certeza
saben que estás perdido:
tarde o temprano
ellos en masa heredarán la tierra.

«Ô TOI QUE J'EUSSE AIMÉE...»

Y ahora una digresión: consideremos
esa variante del amor que nunca
puede llamarse amor.
Son aislados instantes sin futuro.

En la ciudad donde estaré tres días
nos encontramos.
Hablamos cien palabras.
Pero un brillo en los ojos, un silencio
o el roce de las manos que se despiden
prende la luz de la imaginación.

Sin motivo ni causa uno supone
que llegó pronto o tarde y se lamenta
(«No habernos conocido...»).

Y sin quererlo ni saberlo entraste
en un célibe harén de sombra y humo.

Intocable,
incorruptible al yugo del amor,
viva en lo que llamó De Rougemont
la posesión por pérdida.

IV

EXAMEN DE LA VISTA

¿Adónde fue la luz del día?
¿De dónde vienen las tinieblas?

Wei Yin Wu

ODA

Baja la primavera al aire nuestro.
Invade
con sus plenos poderes al invierno.
Todo lo redescubre y lo ilumina.
Brota del mar.
Es Dios o su emisario.

ALBA EN MONTEVIDEO

La noche se deshace lentamente en la luna
que avanza llena de claridad.

AMANECER EN BUENOS AIRES

Rompe la luz el azul celeste.
Se hace el día en la plaza San Martín.
En cada flor hay esquirlas de cielo.

LLUVIA EN COPACABANA

Como cae la lluvia sobre el mar,
al ritmo en que sin pausa se desploma,
así vamos fluyendo hacia la muerte.

EL SEGUNDERO

Digo *instante*
y en la primera sílaba el instante
se hunde en el no volver.

RÍO DE LAS MARIPOSAS

Entre los nadadores distinguimos
a Heráclito el Oscuro
que hizo una señal de despedida.

DEFINICIÓN

La luz: la piel del mundo.

Como el pasado ya pasó
no sabes
qué ha sido en realidad
lo que ha pasado.

MAR ETERNO

Digamos que no tiene comienzo el mar:
empieza en donde lo hallas por vez primera
y te sale al encuentro por todas partes.

ESTUDIO

En el mantel a cuadros
la manzana,
semejante a sí misma.

CLÍNICA DE BELLEZA

Ésas que ves allí sudando a mares
pro retorno imposible,
fueron un día
las muchachas en flor.

INTRODUCCIÓN AL PSICOANÁLISIS

Don Segismundo Freud,
tras arduo estudio,
descubrió lo que al otro le costó un verso:
el delito es haber nacido.

UN GORRIÓN

Baja a las soledades del jardín
y de pronto lo espanta tu mirada.
Y alza el vuelo sin fin,
alza su libertad amenazada.

REMEMBRANZA

En el bar, entre dos amargas copas,
hacíamos planes
para un futuro condenado a la inexistencia.
Se elevaba del piano
una canción.
Es todo lo que resta de aquel momento.

CONTAMINACIONES

El esmog, el tabaco, el hexaclorofeno,
el aire emponzoñado que te va corroyendo,
son la vida que filtra en todos su veneno
y siempre nos recuerda: *vivir es ir muriendo.*

APARICIÓN

Cuando abriste la puerta
me deslumbró tu desnudez.
Y hablan de las estrellas de cine,
de las muchachas de *Playboy*.

GATO

Ven, acércate más.
Eres mi *oportunidad*
de acariciar al tigre
—y de citar a Baudelaire.

La moda, sí, es imagen de la muerte.
Todo pasa, de acuerdo.
Pero si no pasara yo sería un protozoario
en un mundo de amibas e invertebrados.

APOCALIPSIS POR TELEVISIÓN

Trompetas del fin del mundo
interrumpidas
para dar paso a un *comercial*.

—Dios que castigas la fornicación
¿por qué no haces el experimento?

PARÍS, 1968

¿Recuerdas que querías ser
una Margarita Gautier?
RUBÉN DARÍO, *Prosas profanas*

¿Recuerdas que querías ser
no una
Margarita Gautier
sino una Rosa Luxemburgo?

NIEVE EN LA ARENA

Sin pausa cae la nieve que pretende
adueñarse del mundo, comenzando
por este inmóvil mar muerto de frío.

FÁBULA

Matamos al centauro y al unicornio.
Sepultamos al fénix en sus cenizas.
Conservamos la vaca, el perro, el conejo:
tiene indudable riesgo el inconformismo.

VIETNAM

1

Vuelve al Mekong la primavera.
Los árboles,
comidos por el defoliador,
tienen renuevos.
Bombardearon Vietnam como quien manda
flagelar a los mares.

2

Dijeron que iban a defender el mundo occidental y la
revolución no pasaría.
Hoy sus huesos blanquean los arrozales. Entre el fango
otoñal brillan los restos de sus latas y plásticos
indestructibles.

TEOTIHUACÁN

Llueve en Teotihuacán.
Sólo la lluvia
ha descifrado a esta ciudad de muerte.

TESTIMONIO

Árboles desgarrados,
testimonio
de la inutilidad de haber vivido.

SUCESIÓN

Aunque renazca el sol
los días no vuelven.

HOY MISMO

Mira las cosas que se van,
recuérdalas,
porque no volverás a verlas nunca.

IRÁS Y NO VOLVERÁS

Sitio de aquellos cuentos infantiles,
eres la tierra entera.
A todas partes
vamos a no volver.
Estamos por vez última
en dondequiera.

V

«CONSIDERANDO EN FRÍO, IMPARCIALMENTE»

A nadie le interesa lo que nos pasa
ni aquello que escribimos.
Somos nuestro único público.

Tu Fu

¿No ves un año y otro sobre los altamares
a la literatura llorando por su suerte
en el viento de otoño?

Li Ho

VIDAS DE LOS POETAS

En la poesía no hay final feliz.
Los poetas acaban
viviendo su locura.
Y son descuartizados como reses
(sucedió con Darío).
O bien los apedrean y terminan
arrojándose al mar o con cristales
de cianuro en la boca.
O muertos de alcoholismo, drogadicción, miseria.
O lo que es peor: poetas oficiales,
amargos pobladores de un sarcófago
llamado Obras completas.

OTRO HOMENAJE A LA CURSILERÍA

Dear, dear!
Life's exactly what it looks,
Love may triumph in the books,
Not here.

W. H. Auden

Me preguntas por qué de aquellas tardes
en que inventamos el amor no queda
un solo testimonio, un triste verso.
(Fue en otro mundo: allí la primavera
lo devoraba todo con su lumbre).
Y la única respuesta es que no quiero
profanar el amor invulnerable
con oblicuas palabras, con ceniza
de aquella plenitud, de aquella lumbre.

D. H. LAWRENCE Y LOS POETAS MUERTOS

They look on and help

No desconfiemos de los muertos
que prosiguen viviendo en nuestra sangre.
No somos ni mejores ni distintos:
tan sólo nombres y escenarios cambian.

Y cada vez que inicias un poema
convocas a los muertos.
Ellos te miran escribir,
te ayudan.

A QUIEN PUEDA INTERESAR

Otros hagan aún el gran poema,
los libros unitarios, las rotundas
obras que sean espejo de armonía.
A mí sólo me importa el testimonio
del momento inasible, las palabras
que dicta en su fluir el tiempo en vuelo.
La poesía anhelada es como un diario
en donde no hay proyecto ni medida.

1. *Balance*

En aquel año escribí diez poemas:
diez *diferentes formas de fracaso.*

2. *Manifiesto*

Todos somos poetas de transición:
la poesía jamás se queda inmóvil.

3. *Instantáneas*

Dentro de poco tiempo estos poemas
sonarán más ridículos que ahora.
Como no hay fijador en el mercado
se irán desvaneciendo mis palabras,
instantáneas caducas mal tomadas.

4. *Oficio de poeta*

Ara en el mar.
Escribe sobre el agua.

5. *Una cartita rosa a Amado Nervo*

Lo cursi es la elocuencia que se gasta.
No te preocupes
si sonreímos con tus versos dolientes
y nos sentimos hoy por hoy superiores.

Tarde o temprano
vamos a hacerte compañía.

6. *El autor declara su anonimato*

Mis poemas no conquistan un público.
Mis libros congestionan las bodegas.
Nada se puede contra el *Reader's Digest*.

7. *Contra los recitales*

Si leo mis poemas en público
le quito su único sentido a la poesía:
hacer que mis palabras sean tu voz,
por un instante al menos.

8. *Conferencia*

Halagué a mi auditorio. Refresqué
su bastimento de lugares comunes,
de ideas adecuadas a los tiempos que corren.
Pude hacerlo reír una o dos veces
y terminé cuando empezaba el tedio.
En recompensa me aplaudieron.
¿En dónde
voy a ocultarme para expiar mi vergüenza?

9. *Arte poética*

No tu mano:
la tinta escribe a ciegas
estas pocas palabras.

10. *Garabato*

Escribir
es vivir
en cierto modo.
Y sin embargo todo
en su pena infinita
nos conduce a intuir
que la vida jamás estará escrita.

En torno de una idea original
difunde su maleza la retórica,
su óxido fatigado la repetición,
su tormenta de vaho el paso en falso.

En torno de una idea original
hay una muchedumbre de lugares comunes,
frases mal construidas, expresiones
que no ajustaron con el pensamiento.

En torno de una idea original
crece la sombra y la aridez se agolpa.

MISERIA DE LA POESÍA

Me pregunto qué puedo hacer contigo
ahora que han pasado tantos años,
cayeron los imperios,
la creciente arrasó con los jardines,
se borraron las fotos
y en los sitios sagrados del amor
se levantan comercios y oficinas
(con nombres en inglés naturalmente).

Me pregunto qué puedo hacer contigo
y hago un pseudopoema
que tú nunca leerás
—o si lo lees,
en vez de una punzada de nostalgia,
provocará tu sonrisita crítica.

¿Cómo podría explicar *Las soledades*,
concentrarse en Quevedo, hablar de Lope
si en vez de alumnas tiene ante sus ojos
(con permiso de Heine y de sus clásicos)
la rosa, el sol, el lirio y la paloma?

AL TERMINAR LA CLASE

Más temprano que tarde la poesía
llega a los claustros.
Bibliotecas que no consulta nadie,
opiniones de cuarta o quinta mano,
comentarios triviales, haz de anécdotas
en el salón de clase
(auditorio cautivo indiferente).
«Cultura» en fin y «tradición».
Es triste.

Sin embargo la llama no se extingue.
Sólo duerme,
prensada y seca flor en un libro,
que de repente
puede encenderse
viva.

«BIRDS IN THE NIGHT»
(Vallejo y Cernuda se encuentran en Lima)

> Al partir de las aguas peruanas la anchoveta ha puesto en crisis a la industria pesquera y ha provocado en las ciudades del litoral la invasión de las hambrientas aves marinas.
>
> *Excélsior*, 1972

Toda la noche oigo el rumor alado desplomándose
y, como en un poema de Cisneros,
albatros, cormoranes y pelícanos
se mueren de hambre en pleno centro de Lima,
baudelaireanamente son vejados.

Aquí por estas calles de miseria
(tan semejante a México)
César Vallejo anduvo, fornicó, deliró
y escribió algunos versos.

Ahora sí lo imitan, lo veneran
y es «un orgullo para el continente».

En vida lo patearon, lo escupieron,
lo mataron de hambre y de tristeza.

Dijo Cernuda que ningún país
ha soportado a sus poetas vivos.

Pero está bien así:
¿No es peor destino
ser el Poeta Nacional
a quien saludan todos en la calle?

DE SOBREMESA, A SOLAS, LEO A VALLEJO

En el pan huroneado por las hormigas
diminutivamente negrean
sus eficaces sombras.

Un mordisco de nada y ya no está,
desmantelado en el mantel,
tu granito de azúcar.

Las silenciosas ciegas van disciplinando
menudamente
la continua erosión del mundo.

Como ellas
hemos perdido el habla
y es bajo cuerda el acabóse.

ESCRITO CON TINTA ROJA

La poesía es la sombra de la memoria
pero será materia del olvido.
No la estela erigida en la honda selva
para durar entre sus corrupciones,
sino la hierba que estremece el prado
por un instante
y luego es brizna, polvo,
menos que nada ante el eterno viento.

EPÍLOGO

RAMÓN LÓPEZ VELARDE CAMINA POR CHAPULTEPEC
(Noviembre 2, 1920)

Para despedirme de José Carlos Becerra

El otoño era la única deidad.
Renacía
preparando la muerte,
sol poniente
que doraba las hojas secas.

Y como las generaciones de las hojas
son las humanas.

Ahora nos vamos
pero no importa
porque otras hojas
verdecerán en la misma rama.

Contra este triunfo
de la vida perpetua
no vale nada
nuestra mísera muerte.
Aquí estuvimos,
reemplazando a los muertos,
y seguiremos
en la carne y la sangre
de los que lleguen.

ÍNDICE

IRÁS Y NO VOLVERÁS [1969-1972]

1. *Falsos testimonios*

II. *Señales de vida*

III. *Revés de almanaque*

Epílogo